MANIFESTACIÓN

Para niños

El arte en este libro viene
de tatuajes reales

¿Sabías que puedes hacer realidad tus sueños y metas usando el poder de tus pensamientos e imaginación?

¿Quieres saber cómo?

2

¡A través de la manifestación!

La manifestación es el proceso de traer algo a la realidad a través del pensamiento y las acciones positivas.

3

La manifestación utiliza una herramienta muy poderosa: **tu mente subconsciente.**

4

Pero, ¿qué es la mente subconsciente?

Datos divertidos sobre tu mente subconsciente...

- Tu mente subconsciente no hace ninguna diferencia entre lo que es real y lo que es imaginado.
- Tu mente subconsciente piensa sólo en el presente y no sabe nada sobre el pasado o el futuro:

Solo entiende: **"Soy fuerte y saludable"** en lugar de **"Seré fuerte y saludable".**

- Tu mente subconsciente guarda todos los datos de nuestra existencia. Por eso es importante comenzar a manifestar como niños.
- Tu mente subconsciente cree lo que le das de pensar. Tu mente subconsciente siempre está alerta, por eso es importante tener pensamientos positivos.
- Tu mente subconsciente puede ser programada para ser positiva y amorosa.

- Tu mente subconsciente es de donde proviene tu "instinto" y tu conocimiento interno. Escúchala siempre.
- ¡Tu mente subconsciente es como un súper poder que hace que el 95% de nuestras acciones y decisiones sucedan sin que nos demos cuenta, y puede analizar información súper rápido!
- Tu mente tiene la voluntad, tu mente subconsciente tiene el poder.

8

Secretos para manifestar

Manifestar se trata de hacer realidad tus sueños trabajando activamente hacia ellos y creyendo que pueden suceder.

La clave es creer que puedes tener la vida de tus sueños estando agradecido por ellos como si ya los tuvieras.

Debes tener pensamientos, emociones y acciones positivas para que tus sueños puedan convertirse en realidad. Toma medidas hacia tu manifestación, ya sea ahorrar dinero, hacer tareas para ganar dinero o incluso hacer un dibujo o una pintura de tu juguete deseado como si ya existiera.

10

Usa la Ley de la Atracción

¿Qué es la Ley de la Atracción?

La ley de la atracción es tu capacidad de atraer, en tu vida, aquello en lo que te enfocas.

El pensamiento negativo atrae experiencias negativas.
El pensamiento positivo atrae experiencias positivas.

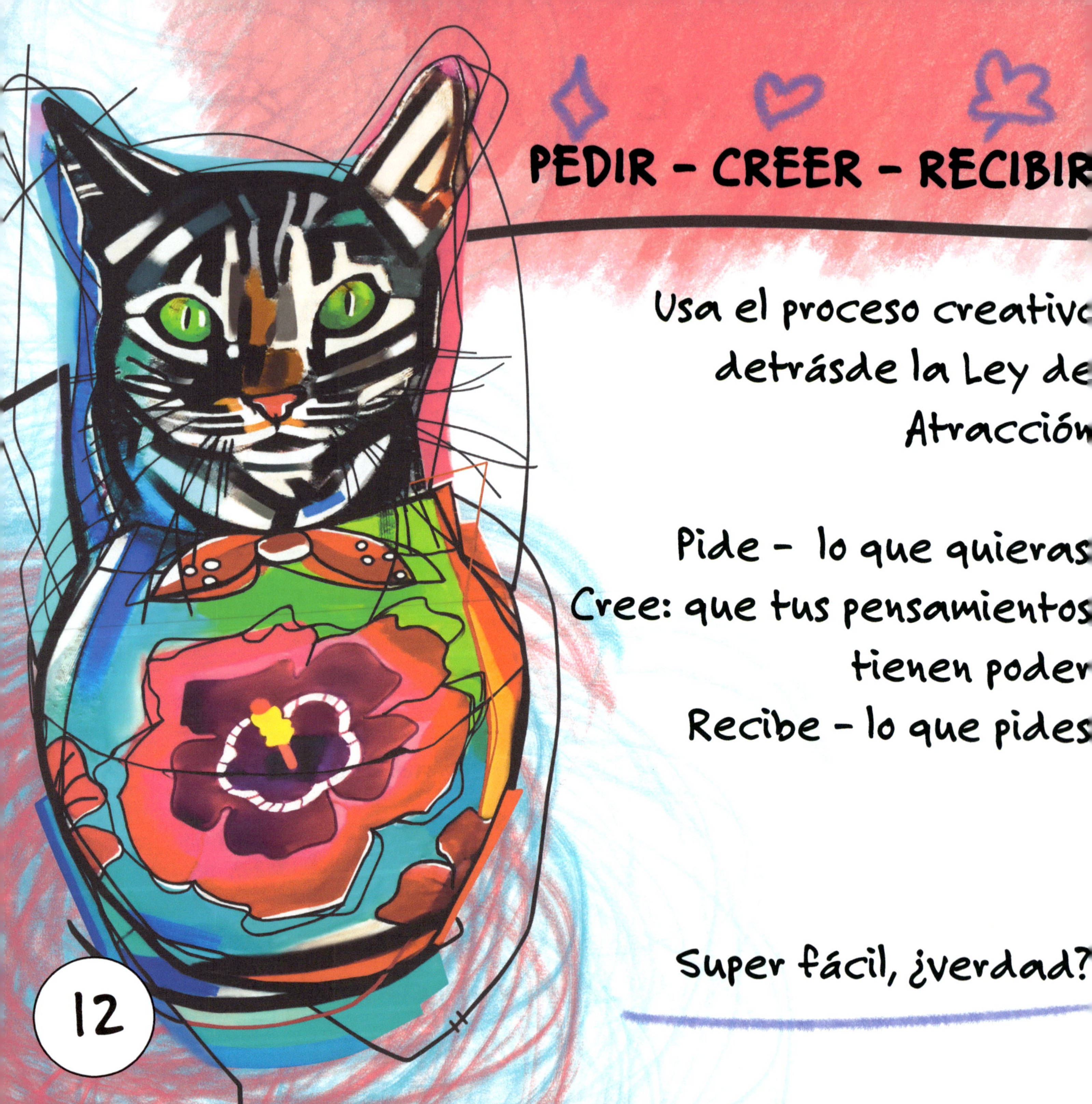

PEDIR - CREER - RECIBIR

Usa el proceso creativo
detrásde la Ley de
Atracción

Pide - lo que quieras
Cree: que tus pensamientos
tienen poder
Recibe - lo que pides

Super fácil, ¿verdad?

12

Ahora vamos a manifestar en papel

El lugar adecuado es importante cuando se trata de manifestación.
1. Encuentra un espacio tranquilo y silencioso temprano en la mañana o justo antes de irte a dormir.
2. Ve a un espacio donde no te molesten, y que esté tranquilo y cómodo.
3. Si deseas, limpia tu habitación antes si está sucia o desorganizada.

13

USA UN DIARIO O UN CUADERNO NUEVO PARA MANTENER TODAS TUS MANIFESTACIONES EN UN SOLO LUGAR.

Escribe positivamente en tiempo presente:

¡lo que estás manifestando sucederá en tu vida,
ya sea dentro de
5 minutos o dentro de 50 años!
Por ejemplo, puedes escribir:
Soy victorioso en todos los aspectos de mi vida.
Soy la mejor hija, hijo, estudiante, amigo.
Soy un imán para el éxito.
Soy seguro, saludable y exitoso.
Tengo el poder de superar todos los obstáculos.

Elige tu intención

Piensa exactamente en lo que quieres.
Puedes manifestar objetos, personas,
relaciones, objetivos y todo lo demás.
Si eres nuevo en esto, intenta
manifestar algo pequeño primero, como
una buena calificación en un examen.

15

Visualiza tu meta

Imaginar tu intención con tu mente le dará
forma y significado. Una vez que hayas puesto
tu manifestación en palabras,
crea una imagen de ella en
tu cabeza.

16

Pide lo que quieras

Después de escribir tus deseos en tu diario/libro de manifestación, léelos en voz alta para ponerlos en el universo.

Una vez que tengas una buena idea de lo que quieres y una imagen clara de cómo se ven tus sueños, dilo en voz alta prara que suceda. La manifestación se basa en la ley de la atracción, y expresar esa atracción en voz alta pone tu deseo en el cosmos.

17

Cree en lo que has escrito

La manifestación sólo funciona si realmente crees. La ley de atracción establece que un pensamiento positivo o una creencia genuina en un resultado positivo hará que esa cosa se haga realidad. Sin embargo, si secretamente tienes dudas, preocupaciones o sospechas que desafían tus deseos de manifestación, simplemente no sucederán.

Si tienes dudas, anímate a tener fe.
(La fe es el puente entre la incredulidad y la esperanza, y puede destruir los pensamientos negativos que interferirán con tu sueño.)

18

Ve tras las cosas que quieres manifestar

Si estás manifestando una meta concreta, toma medidas para alcanzarla.

Si estás manifestando una buena calificación en la escuela, comienza a estudiar más o pide ayuda a tus padres o un tutor.

Si estás manifestando estar en el equipo deportivo de la escuela, practica más. Cree en ti mismo más y más a medida que mejoras. Haz todo lo que puedas para hacerte cargo y hacer realidad tu objetivo.

Olvídate del acto de manifestar

Pasar tu tiempo pensando obsesivamente en tus manifestaciones puede ser inservible. Si sigues tratando de averiguar si tu manifestación está funcionando o no, o no puedes dejar de pensar en cuándo tu objetivo finalmente se hará realidad, puedes interferir con las vibraciones naturales del universo. Confía en el proceso. ¡Vendrán cosas buenas!

Enfocarse demasiado en si la manifestación funcionará o no también puede hacer que dudes de ti mismo. Esto hará que sea menos probable que tu manifestación se haga realidad, así que deja de pensar en ello.

La manifestación sólo funciona en ti

La buena noticia es que nadie puede crear en la vida de otra persona usando la ley de la atracción. ¿Te imaginas el desastre que sería este mundo si pudiéramos manifestarlo para otra persona? Hay una ley cósmica divina que dice que nadie puede crear en la realidad de otra persona y la forma en que funciona la Ley de la Atracción ha establecido esto perfectamente para que esto nunca pueda suceder.

21

Mantén la gratitud
22

¿Qué es la gratitud?

La gratitud es una emoción humana positiva. Se trata de enfocarnos en lo que es bueno en nuestras vidas y estar agradecidos por las cosas que tenemos. Podemos usar muchas palabras para describir sentimientos de gratitud: podríamos decir que nos sentimos agradecidos, afortunados, o bendecidos.

La gratitud es dar gracias por las cosas que a veces no valoramos, como tener un hogar, comida, agua limpia, amigos, familia, incluso teléfonos e Internet. Es tomarse un momento para reflexionar sobre lo afortunados que somos cuando sucede algo bueno, ya sea algo pequeño o grande.

23

Recuerda,

Puedes ser un niño, pero piensa en ti mismo como un alma consciente, un co-creador de todo tu mundo.

Cuando operas desde el amor y la gratitud, ¡tu vida será automáticamente mejor!

24

SOBRE LA AUTORA

Las paradas en la carrera de Verónica incluyen Asistente Legislativa para la Alcaldesa de Long Beach, California, Beverly O'Neill; analista legislativo de la concejal Laura Richardson; Directora de Participación Comunitaria de la Universidad Americana de Ciencias de la Salud; Gerente de Operaciones de dos Empresas de Transporte Internacional; propietaria y operadora de dos restaurantes y bares, y coordinadora de eventos para una empresa de planificación financiera.

Los libros auto editados y auto publicados de Verónica "Mi Vida Mi Historia Dios Me Debes" y "Holy Sh*t I'm a ... Psychic" aterrizaron en New Hot Releases de Amazon y se convirtieron en los más vendidos en Eslovaquia.

Verónica vive con su pareja. Juntas viajan por el mundo eliminando estigmas y rompiendo barreras con sus seminarios de estilo de vida positiva y el mensaje de "just Love".

En 2021, Verónica cambió de carrera para seguir el llamado de Dios en su vida y se convirtió en sanadora psíquica.
Hasta el día de hoy, Veronica ha utilizado sus habilidades de sanación psíquica para ayudar a personas de todo el mundo.

En 2024, Verónica lanzó libros para niños "Meditación para niños", "Manifestación para niños" y "Visualización para niños" con la dirección artística de su compañera Ivana Belakova, también conocida como Ivana Tattoo Art.

Es una psíquica médium y sanadora mística. Se especializa en mensajes espirituales de animales y limpiezas energéticas chamánicas. Está entrenada en hipnosis y RTT.

SOBRE LA ARTISTA

IVANA TATTOO ART es la PRIMERA y ÚNICA MUJER en el mundo cuyo arte del tatuaje está certificada como Bellas Artes Contemporáneas por el Museo MACRO de Roma.

Ivana es conocida mundialmente por su marca única de creatividad. Es una artista autodidacta que ha estado perfeccionando su estilo "funky color" durante más de 20 años. Ha ganado el primer lugar en las ferias internacionales de tatuajes más prestigiosas de la industria.

Su trabajo se ha mostrado en numerosas exposiciones y ha colaborado con varias escuelas de arte a nivel internacional.

Sus tatuajes son positivos, juguetones, hermosos, a veces traviesos y siempre divertidos. Su estilo es innovador, sofisticado y ecléctico; una increíble mezcla de múltiples géneros que combinan colores brillantes y elementos abstractos con estilo callejero y artístico.

Su estilo característico es reconocible al instante y ha ganado seguidores y admiradores en todo el mundo.

El compromiso de Ivana a la libertad artística y la aceptación mezclados con amor y gratitud se reflejan en todo lo que hace. Su arte es un reflejo de su niño interior mientras busca capturar el sentimiento juguetón y caprichoso de la juventud.

Ivana se inspira en sus viajes por todo el mundo.
También es entrenadora de la Ley de Atracción y Manifestación.

Mis manifestaciones:

Mis manifestaciones:

Mis manifestaciones:

Mis manifestaciones: